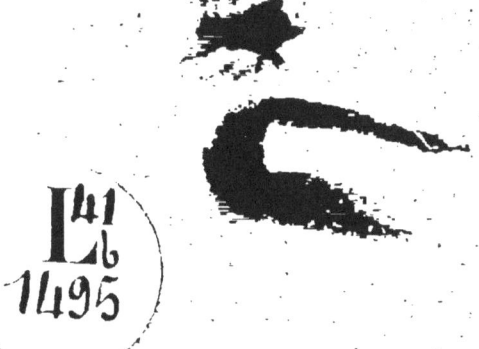

L41
L6
1495

Lb 1495

TABLEAU
DE ROUTE

Des vingt-huit prisonniers de Marseille, traduits à Paris, détenus à la Maison Egalité, dite Duplessis.

Depuis vingt jours un noir cachot nous détenait à la tour du fort Jean, privés de toute communication avec nos parens et nos amis, lorsque le 23 vendémiaire, à 5 heures du matin, nous sommes éveillés subitement par le bruit des verroux : le geolier entre et nous annonce qu'il faut partir de suite pour Paris ; quel fut, à ces mots, notre étonnement ! nous qui, naturellement confians dans la pureté de notre civisme, n'avions pu encore revenir de notre surprise, arrachés nuitamment du sein de nos familles, au milieu des cris déchirans de nos femmes et de nos enfans, qui, la plupart, furent cruellement chassés de leur réduit domestique pour l'apposition des

A

scellés, et que, dès ce moment, nous n'avons plus revus.

A la nouvelle de ce départ subit, nous sollicitâmes un délai suffisant pour avoir, de nos maisons, le peu de hardes et d'argent que nécessitait une si longue route. Il faut partir sans retard, les ordres sont donnés, toute la garnison de Marseille est sous les armes, répandue dans la ville; trois cens hussards, chasseurs ou gendarmes à cheval, nous attendent aux avenues du Fort : il nous est défendu d'emporter ni matelats, ni draps, ni couvertures, etc. Un seul petit paquet de linge est toléré sous le bras de quelques-uns de nous. Nous sortons de notre cachot, garrotés de deux à deux, sous une voute d'acier, jusqu'à la place où quatre mauvaises charettes à demi-couvertes d'une vieille toile, nous reçoivent, entassés les uns sur les autres. Déjà nous pressentons, en gémissant, les tourmens d'une longue et pénible route. Pendant ces préparatifs le jour avait succédé à la nuit. Notre départ précipité fut connu dans la ville; on se met en marche; l'affluence du peuple, sur notre passage, était considérable : les regards de nos concitoyens, leurs larmes, leurs gestes, leurs élans empressés étaient les adieux touchans qu'ils nous faisaient; la consternation était peinte sur presque tous les visages ; mais leurs langues étaient comprimées par la terreur des sabres et des nombreuses baïonnettes qui formaient un rempart autour de nos charettes.

Une femme, un père, un fils, n'écoutant que la voix de la nature, cherchaient-ils à percer les rangs, à s'élancer sur nous pour nous embrasser, ou nous apporter nos petits besoins, ils étaient inhumainement repoussés et menacés d'être sabrés. La femme d'un de nos camarades, tendant la main pour donner un paquet à son mari, évita par le plus grand bonheur, un violent coup de sabre qui lui fut porté par un hussard. O cruelle séparation d'un père de famille, que l'amour de la patrie ne cessa d'animer dès l'aurore de la révolution ! O douloureuses sensations, qui ne sont tout au plus réservées qu'après la conviction du crime !

Telle fut notre sortie inattendue de Marseille... Le cœur ainsi gonflé de douleur, dépourvus de tout, nous commençons notre ignominieuse route, avec la nombreuse escorte, précédée de Betemps, commandant du fort Jean, et Terreau, capitaine de gendarmerie, commodément traînés dans un superbe carrosse, et chargés en chefs de notre conduite. Aix fut la première station des quarante cachots qui devaient nous renfermer pendant quarante jours d'une marche accablante.

Ce fut à Aix où l'humanité d'un geolier patriote nous facilita les moyens de recevoir de nos parents ou de nos amis, accourus de Marseille, quelques secours en hardes ou assignats. Ce fut là aussi que nous commençâmes à ressentir la dureté de nos conducteurs, qui réclamèrent et cherchèrent envain des chaînes dont ils voulaient nous charger. Ce fut encore là que ces inhumains sentirent le besoin qu'ils avaient, pour satisfaire leur barbarie, d'effrayer les geoliers et les communes de la route qui auraient pu se montrer humains à notre égard, en faisant circuler, par de fidèles émissaires, la calomnie la plus atroce, et nous faisant la réputation, non de citoyens fidèlement soumis aux lois, et déjà trop malheureux d'être soupçonnés de quelque délit, mais des plus grands scélérats que le soleil eut jamais éclairés, et qui, sans les plus grandes précautions, feraient, en route, toutes les tentatives pour se soustraire, par la fuite, au glaive de la loi.

Nous ne ferons ici que retracer sommairement le tableau de nos souffrances, qui se répétaient, qui s'aggravaient même chaque jour, et dont notre physique se trouve si fortement attaqué, que ce sera peut-être envain que nous voudrons réparer l'affoiblissement de notre santé dans un tems plus heureux.

Deux émissaires qui nous précédaient dans les communes, annonçaient l'arrivée de la bande scélérate, disaient-ils, qu'une nombreuse escorte menait au supplice, ils faisaient préparer les lieux les plus affreux et les plus mal sains. Nos premiers jours de marche furent marqués par une injustice criante :

des gendarmes entrèrent à Lambesc dans notre cachot, avec l'ordre de nos chefs, de nous visiter scrupuleusement et de nous enlever non-seulement couteaux, cizeaux, etc. mais même tous nos papiers justificatifs. Ce ne fut qu'après les instances les plus réitérées que nous pûmes parvenir à les conserver. Dès les premières journées, l'inhumanité affectée de nos conducteurs, ne nous permit plus de douter que nous aurions tout à souffrir de leur barbarie, même jusqu'à la privation du pain et de l'eau que la loi accorde à tout prisonnier, de quelque crime qu'il soit prévenu.

Sur les sept heures du matin, à la voix brusque et menaçante d'un chef, il fallait sortir précipitamment de sa tanière, et toujours liés deux à deux, monter amoncelés sur notre assommante charette, pénétrable à toute l'intempérie de la rude saison. Après avoir enduré le froid, le vent ou la pluie, pendant sept à huit heures de marche, le corps fracassé d'un cahotement insupportable, mais forcé, parce qu'il ne nous était pas permis de marcher, nous étions impitoyablement jettés dans le cachot que les deux émissaires avoient destiné pour nous recevoir. Là, sans avoir pris la moindre nourriture de la journée, quelque fut le pressant besoin de plusieurs de nous, accablés d'infirmités, tous indistinctement étions forcés d'attendre jusqu'à huit à neuf heurs du soir, notre ration de pain et eau, et des vivres mal apprêtés que d'avides nabitans du lieu pouvaient nous apporter à un prix exhorbitant, mais auquel la nécessité nous forçait d'accéder. Il eut été bien doux pour nous après un foible repas, long-temps attendu et acheté à grand frais, de pouvoir nous délasser par quelques heures de repos, sur un peu de paille ou sur le pavé, mais, pendant la plus grande partie des nuits, nous invoquions en vain, dans notre accablement, la faveur d'un léger sommeil, parce que la singularité des ordres de nos chefs ne laissait presque jamais à nos tourmens aucune interruption entre la nuit et le jour.

Deux sortes de cachots homicides ont été successivement dans notre route, les témoins de notre souffrante situation, heureux encore et très-heureux, qu'ils ne soient pas devenus notre tombeau. Tantôt c'étoit une voûte souterraine, ténébreuse et infecte, remplie de vermine qui pullulait dans une paille pourrie, et où le méphitisme le plus dangereux, nous faisait craindre une mort d'autant plus prompte, que nous pouvions à peine y respirer, entassés les uns sur les autres, forcés sous les verroux, de soulager au même lieu, les besoins de la nature, contraints souvent par l'exiguité d'un vieux local, de recevoir sur nos corps, tous les égoûts d'une commune.

Ici, pour donner une idée non équivoque, de l'inhumanité de nos chefs, nous rappellerons le cachot de St.-Vallier, arrivés sur les trois heures du soir dans cette commune, après un jour de pluie, on nous débarque à une cour remplie de fumier, on nous fait entrer dans une loge à cochons, descendre de-là par un escalier obscur, dans un noir et étroit souterrain, qui pouvait à peine contenir dix personnes, vrai fourmillier des rats, des insectes et de toute espèce de vermine. A l'aspect douloureux de ce cachot, les premiers descendus frissonnent et reculent d'horreur, ils remontent, le désespoir s'empare de nous tous, nous faisons appeler un des chefs, et dans notre désespérante situation, nous demandons à grands cris la mort plutôt que de nous voir renfermés dans cet effrayant souterrain ; le chef descend dans cet horrible réduit, il ne peut se refuser à l'évidence et à la justice de nos réclamations, et quelque tems après il nous fait transférer dans un local moins insupportable.

Tantôt nous étions déposés dans une église, au haut d'un château ou d'une tour, dans un vieux appartement abandonné plus ou moins vaste, ouvert de tout côté, et conséquemment exposé à toutes les injures du tems. Plusieurs fois nous avons eu à regretter le local plus habitable des prisonniers prussiens, que l'on venait de tirer de leur logement habituel pour nous y placer.

Dans ces divers cachots, inquiets, accablés de souvenirs douloureux, transis de froid, dévorés des bêtes, le cœur soulevé des odeurs fétides, sans pouvoir manger, même avec des vivres suffisans que nous achetions chèrement, privés souvent de la paille qui nous était due; les restes du jour et les nuits entières se passaient sans pouvoir dormir un instant; si quelquefois dans l'accablement, le sommeil venait s'emparer de nous, bientôt nous étions éveillés par les bruyantes vociférations d'une garde nombreuse des habitans du lieu, que presque toutes les communes plaçaient, par ordre de nos chefs, à côté de nos verroux et autour des murs qui nous renfermaient, de peur de voir se réaliser les craintes chimériques que leur avaient inspirées, à notre sujet, nos inhumains conducteurs, eux qui nous annonçaient par-tout comme des monstres souillés de tous les crimes ; eux qui faisaient appercevoir la secrette joie qu'ils avaient de nous voir brutalement jettés dans ces lieux infâmes, plongés dans l'obscurité d'un cachot, sans lumière; car il n'était pas même permis de jouir de la sombre lueur d'une lampe sépulcrale; telle était la déplorable situation de vingt-huit citoyens presque tous pères de familles, qui soupiraient après le départ du lendemain où les mêmes souffrances les attendaient encore; mais toujours flattés de voir dans un moindre éloignement, le terme de leur malheur : Souvent les capricieuses jouissances de nos conducteurs venaient ajouter à notre douleur. La visite de nos cachots était leur promenade habituelle après leur dîner, et c'était ordinairement à ces heures de récréation que nous avions le plus à souffrir, ou de la dureté de leurs propos, ou de leurs tyranniques menaces : un jour c'était pour inspecter le site de notre misérable réduit, accroître la cruelle prévention qui existait déjà contre nous et renforcer la garde qu'ils effrayaient de la responsabilité. Un autre jour était destiné à nous fouiller scrupuleusement de la tête aux pieds, et scruter jusqu'à notre dernière guenille, pour nous enlever tout ce qui leur plaisait de nos papiers, qu'ils croyaient être suspects. Ils ne craignaient même pas de violer le sceau des lettres adressées à des représentans du peuple que nous tâchions de dérober à leur importune surveillance. Ce dernier trait nous arriva à la commune de Cosne sur Loire, en présence des Municipaux et des hussards ou chasseurs.

Tant de vexations affectées, sans que nous ayons jamais donné lieu par le moindre oubli de notre situation, étaient bien capables de provoquer le caractère ardent et impétueux des hommes du midi ; mais on ne peut reprocher le moindre écart à aucun de nous. Nous pouvons invoquer au besoin les témoignages de toutes les municipalités de notre passage ; les diverses attestations que nous avons des concierges, parlent en notre faveur. Les braves militaires qui formaient notre escorte et qui ont paru si souvent sensibles à notre malheureux sort, rendront justice à notre prudente conduite; ils diront avec quelle résignation, avec quelle soumission, nous concentrions dans nos cœurs indignés, toutes nos persécutions, commandées par un coupable abus, au nom de la loi. Une municipalité, entr'autres celle de la charité sur Loire, ne put soutenir jusqu'au bout les actes d'inhumanité qui furent commandés au geolier par nos conducteurs.

Arrivés à cette commune à une heure après midi, un jour d'un froid très-violent, on nous fait passer à une cour ou était pour nous tous, un seul petit cachot, (trois personnes à peine le remplissaient) il n'y avait pas d'autre local, nous disait le geolier d'un air sensible, il avait ordre du chef Tereau de nous laisser dans cet endroit. Là transis de froid, accablés la plupart d'infirmités nous nous plaignions envain: après sept heures d'immobilité dans cette cour, la municipalité cédant à un sentiment de pitié et d'humanité, prend sur sa responsabilité, de nous faire monter et passer la nuit à une salle de la commune, contigüe à cette même cour. Le lendemain matin à notre départ, montant sur sa charette, un de nos camarades reproche honnêtement à Tereau l'injustice de ses ordres et l'indignité de sa conduite. Celui-ci se sentant choqué prend cet acte de franchise, comme un acte de rébellion, le fait à l'instant charger de chaînes et l'oblige de marcher avec cette pesante livrée: nous demandons tous à porter les mêmes fers, et une heure après notre camarade obtient sa grace due, soit à notre obstination, soit à la sollicitation d'un officier hussard.

Quoique dépeints par-tout comme des scélérats par les fidèles précurseurs de nos chefs, nous n'avons pas éprouvé par-tout les mêmes traitemens. Nous devons à-la-vérité, un aveu sincère de l'honnête procédé de quelques concierges, ceux sur-tout des grandes communes. A peine nous avaient-ils vus et entendus, qu'ils prenaient de nous une toute autre idée que celle qu'on leur avait d'abord donnée, et connoissant autant leurs droits que leurs devoirs, ils nous procuraient, en dépit de nos chefs, des logemens propres; et avaient pour nous, tous les égards dûs à l'humanité. Ah combien agréablement nous en garderons le souvenir ! L'irréprochabilité de notre conscience fut, dès les premiers jours de notre marche, un motif bien puissant de consolation dans nos peines, avec cette gaîté qui nous est naturelle et qui peut difficilement abandonner un citoyen injustement persécuté, nous cherchions le long de la route, à calmer par des chants civiques, nos inquiétudes bien justes sur le sort de nos chères familles, délaissées dans la douleur, les larmes, et presque toutes dans la misère Ce fut à Lyon que ce soulagement nous fut interdit. La continuité de notre chant avait sans doute, blessé les oreilles de nos conducteurs ; ils nous défendirent, au nom de la loi, de chanter des chansons patriotiques ; nous pensions qu'on ne pouvait nous ravir la faculté de charmer ainsi notre douleur. Mais sur l'ordre trois fois donné à la troupe, de nous sabrer, et trois fois refusé par elle, nous obéîmes, et il n'y eut plus de chant. A notre séjour de Lyon, se renouvellèrent encore les craintes des chaînes dont on nous menaçait depuis Aix : en effet une réquisition est faite au concierge d'en donner ; ce citoyen nous avait déjà connus, il refuse les chaînes : pareille réquisition est faite à la commune pour vingt-huit personnes, même refus. Il fallut donc continuer notre route, comme auparavant, accouplés l'un à l'autre avec des cordes ; mais plus gênés et plus souffrans encore par l'augmentation de trois compagnons d'infortune du district de commune Darmes qu'on nous donna à Lyon, tous enchaînés. Un trait frappant, en partant de cette commune, vint de nouveau nous affliger: quelques bons sans-culottes nous accompagnaient au fauxbourg de Vaize, avec les démonstrations de la plus sincère fraternité. Le chef Tereau les arrête, ordonne la visite de leurs papiers, les menace de l'incarcération, s'ils ne se retiraient.

Cette injuste brusquerie envers nos frères de Lyon, cette défense formelle de chanter, cette nouvelle recherche de chaînes, la retenue de plusieurs lettres et certificats envoyés par nos parens, et retirés de la poste par Betemps ; tout cela était, disions-nous, l'explosion soudaine de la méchante humeur qu'ils avaient du prétendu vol de leur malle, qu'ils disent leur avoir été fait à leur auberge de Lyon, au moment où un surcroit de besoins et de dépenses était nécessité par la venue de la femme Taillet, de Marseille, maîtresse de Betemps, qui l'attendait dans cette ville. Mais l'inflexible rigueur de nos deux chefs Tereau et Bétemps, fut à son comble jusqu'à Paris, ils étaient très-bien secondés par leur adjoint Milleret, qu'ils avaient pris à Avignon; il nous a fallu dévorer, dans l'amertume de nos cœurs, toutes nos peines et jusqu'à l'humiliation de servir de jouet à une femme méprisable, qui peut donner une juste idée de l'immoralité de l'homme chargé en chef de notre translation.

Arrivés enfin à notre destination, le premier frimaire, après une lente et pénible route de deux cents lieues, renfermés dans une maison d'arrêt où règne l'humanité, il nous tarde de prouver à la justice de la convention, ou des tribunaux, la pureté de nos sentimens et la franchise de notre patriotisme.

Vive la République.

Signés, *Maillet* aîné, *Querel*, *Vincent* cadet, *Maillet* cadet, pour lui, et pour *Massuque*, *J. H. Girard*, *Bayssiere*, *Giraud*, *Soutoul*, *Luc Carantene*, *Pre. Maillet*, *Ehrmann*, *L^s. Martin* fils, *Etne. Chompré*, *J. H. Pourcel*, *Richié*, *Jeauffret*, *J. H. Gubian*, *Dque. Man-*

genot, J. H. Souchon, J. F. Brogi, Mauria, L^{is}. Morel, J. H. Cauvin, Anselme, Boué, André Savon, Turcan. Bardel, Chana, et Thivet, de Commune Darmes.

Copie de la lettre écrite par les 28 prisonniers de Marseille, aux représentans du peuple composant la députation des Bouches-du-Rhône.

Paris, de la maison d'arrêt Egalité, ci-devant Duplessis, le 13 frimaire, l'an 3e de la république, une et indivisible et démocratique.

AUX CITOYENS REPRESENTANS DU PEUPLE
COMPOSANT LA DÉPUTATION DES BOUCHES-DU-RHONE.

Nous vous faisons passer, citoyens représentans, notre tableau de route, de Marseille à Paris, vous n'y trouverez aucun fait qui ne puisse être attesté, ce n'est que l'esquisse des maux qu'on nous a fait endurer, vous voudrez bien le faire parvenir au Comité de sûreté générale, et employer vos bons offices pour hâter la décision de notre affaire, soit en Comité, soit en jugement, car nous ne redoutons en aucune manière l'œil sévère de la justice nationale; notre conduite sans tache, depuis l'aurore de la révolution, prouvera à la France entière, et l'absurdité de l'accusation et la méchanceté des calomniateurs; la Convention nationale a toujours été notre point de ralliement, les principes démocratiques, notre boussole et la probité, le mobile de toutes nos actions; nous espérons donc que vous ne nous abandonnerez pas dans la crise actuelle; la mort, si nous sommes coupables, mais la liberté si nous sommes innocens; des républicains ne peuvent tenir un autre langage.

SALUT ET FRATERNITÉ,

Suivent les signatures ci-dessus.

De l'Imprimerie de LAURENS aîné, rue d'Argenteuil no. 211.